Wimpi Wildschwein

Der lustige Kerl auf dem großen Foto ist Wimpi Wildschwein.
Von diesem Foto gibt es nur drei Kopien. Findest du sie?
Lies die Erkennungsbuchstaben der drei Lösungsbilder zusammen und du
erfährst, worauf Wimpi gerade wartet.

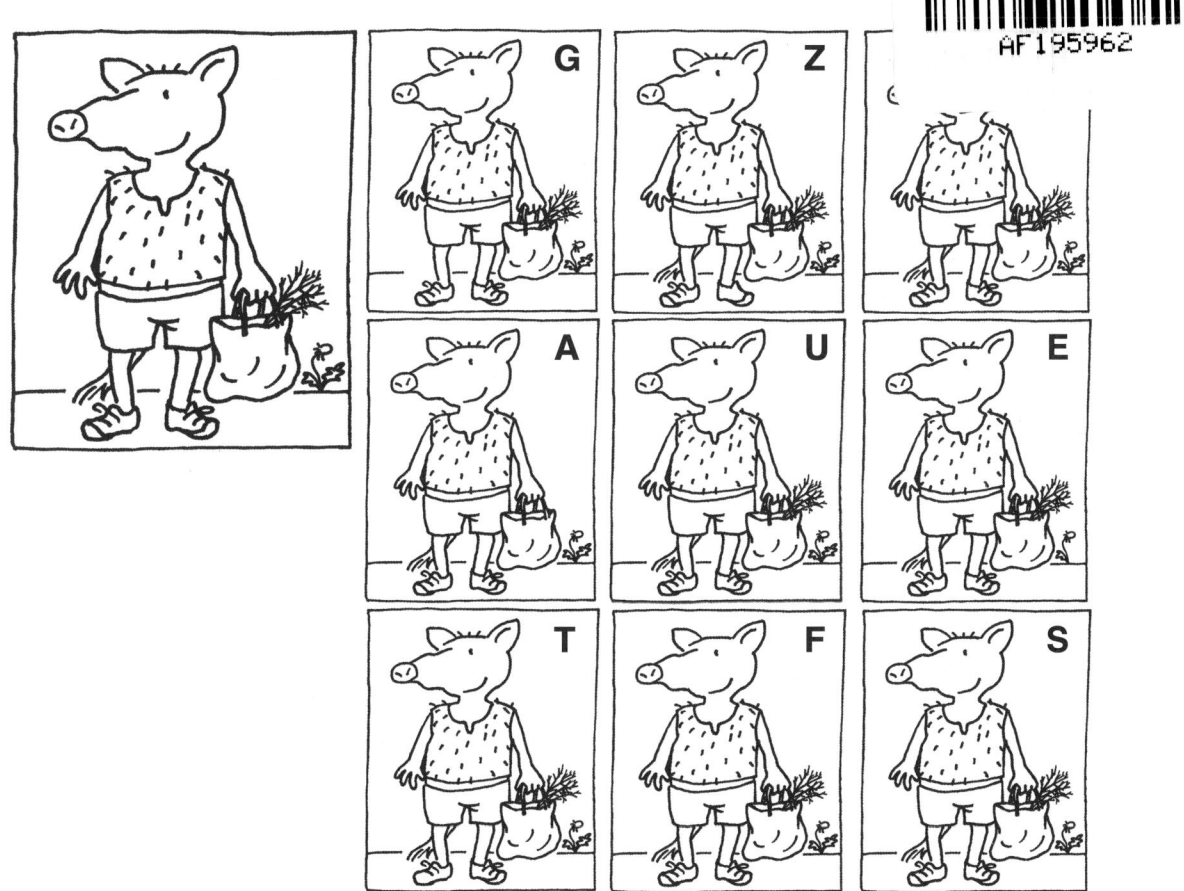

Lösung: Wimpi wartet auf den **ghzBpuUwbfSl**.
Lies nur die Großbuchstaben.

© Mildenberger Verlag · Minutenfüller · Bestell-Nr. 180-55

Der Wunderbaum

Über Nacht ist in Wimpis Garten ein Wunderbaum gewachsen. Was auf diesem Baum alles wächst, möchtest du wissen? Nun, vielleicht ein Stern, eine Eistüte, ein Toaster und ein besonders großes Bonbon.
Was soll auf **deinem** Baum wachsen? Male die Dinge in die Kreise.

Wörter mit Zahlen

Wimpi hat sich diese lustigen Wörter ausgedacht. Kannst du sie lesen?

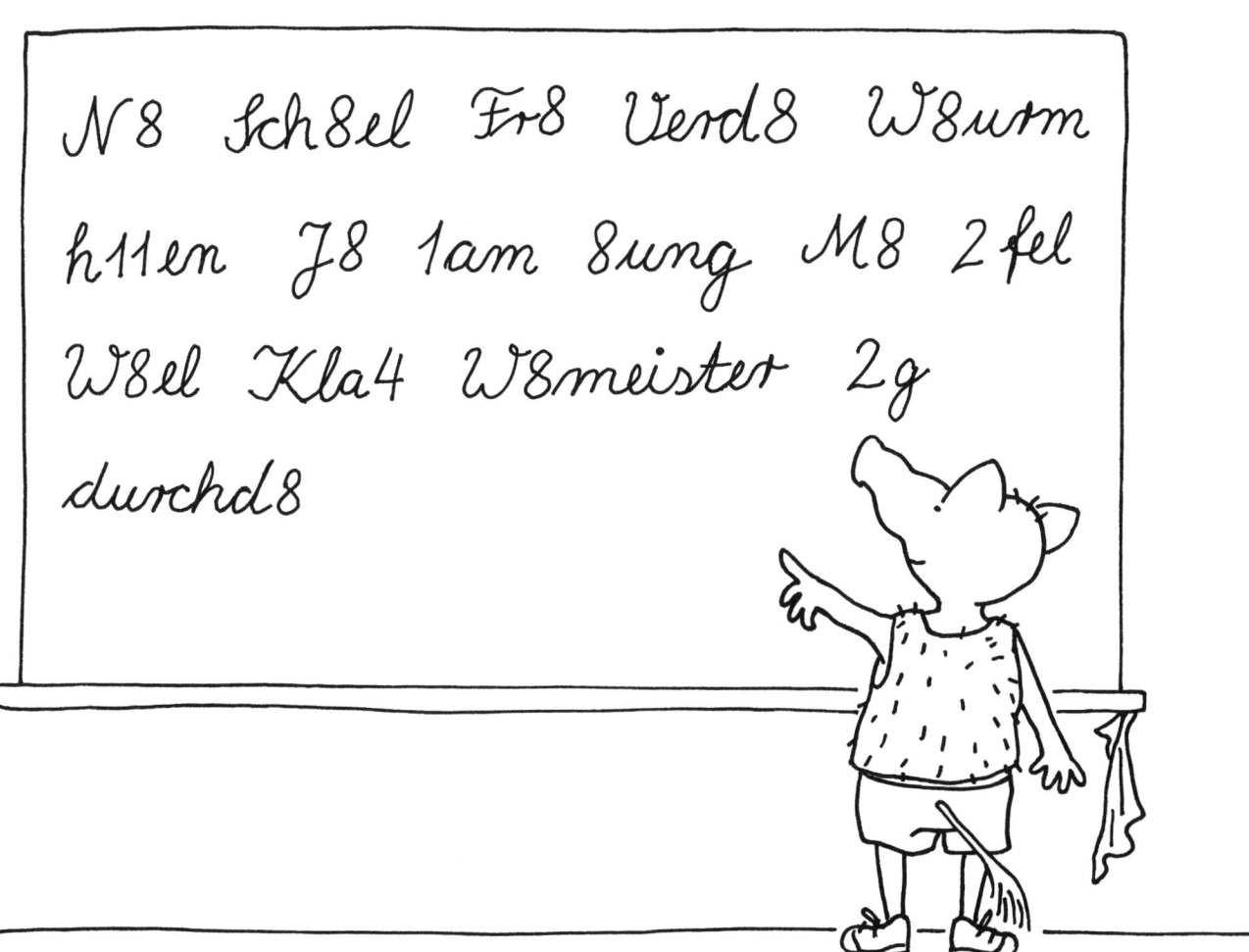

N8 Sch8el Fr8 Verd8 W8urm

h11en J8 1am 8ung M8 2fel

W8el Kla4 W8meister 2g

durchd8

Ein seltsamer Zoo

Es gibt nur einen Buchstaben, der in den Namen von all diesen Tieren enthalten ist. Welcher?

Känguru

Es hilft dir, wenn du die Tiernamen aufschreibst!

Lösung: Es ist der 18. Buchstabe im Alphabet.

ABCDEFGHIJKLMNOPQRSTUVWXYZ

Das Alphabet-Rätsel

Wimpi Wildschwein saust auf seinem Rad durchs Dorf, denn er ist spät dran. Wenn du in jeder Reihe den fehlenden Buchstaben findest und diese Buchstaben dann nacheinander liest, erfährst du, wohin Wimpi will.
Trage die fehlenden Buchstaben in die Kreise ein.

P Q R T U V W X → ◯

J K L M N O Q R → ◯

M N P Q R S T U → ◯

K L M N O P Q S → ◯

R S U V W X Y Z → ◯

M N O P Q R T U → ◯

R S U V W X Y Z → ◯

O P Q R S T V W → ◯

L M O P Q R S T → ◯

A B C E F G H I → ◯

C D F G H I J K → ◯

Lösung: Wimpi will zur **ASAAPAOARAATSATAUAANADAEA**.
Streiche alle A durch. Die restlichen Buchstaben ergeben das Lösungswort.

© Mildenberger Verlag · Minutenfüller · Bestell-Nr. 180-55

Froschvergleich

Die Froschkinder Frieda, Felix und Fred streiten sich, wer von ihnen am größten ist. Kannst du diesen Streit beenden?
Lies die Angaben genau durch. Welches Froschkind ist das größte?

- Fred ist kleiner als Felix.
- Felix ist größer als Frieda.
- Frieda ist kleiner als Fred.

Lösung: Das größte Froschkind heißt: **AFKEGLNIPX**
Lies jeden zweiten Buchstaben.

Bedeutungsvolle Namen

Wer kann aus den Buchstaben seines Vornamens einen lustigen Satz bilden?
Wimpi kommt auf einen Fragesatz, nämlich: „**W**o **i**st **m**ein **p**utziger **I**gel?",
und Franz Fuchs bildet diesen Satz: „**F**reitags **r**udert **A**nton **n**ach **Z**ypern."
Danach kannst du auch noch Sätze aus den Namen deiner Freunde oder
Geschwister bilden.

Reimwörter

Überlege dir zu den angegebenen Wiewörtern passende Namenwörter, die sich reimen, wie zum Beispiel:
kleine Schweine, gute Ute, coole Schule, …

blaue _____   harte _____

lange _____   heile _____

spitze _____   blinde _____

warme _____   frische _____

rote _____   brave _____

Wenn dir selbst keine Reimwörter mehr einfallen, darfst du hier nachschauen:

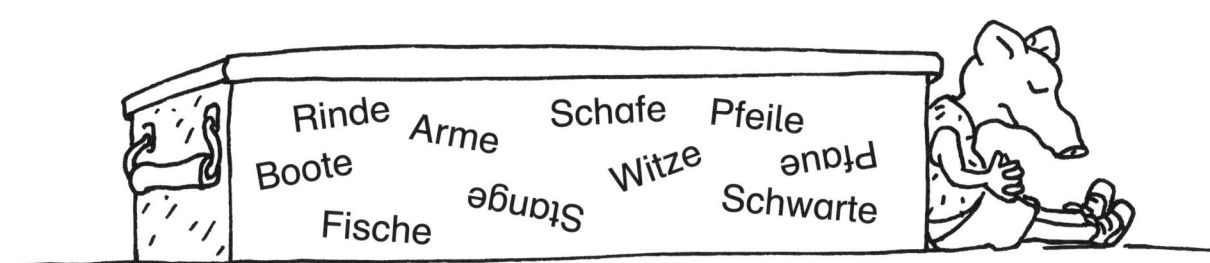

Startklar

Der Pilot und die Tiere im Flugzeug warten ungeduldig auf die Starterlaubnis. Wohin der Flug geht? Das erfährst du, wenn du die Anfangsbuchstaben der Tiere in den Fenstern nacheinander liest.

Lösung: Ordne die Buchstaben nach den Zahlen.

R	A	A	I	M	K	E
4	1	7	5	2	6	3

Mathematrick

Einige Monate haben 31 Tage, einige haben 30 Tage. Aber weißt du auch, wie viele Monate 28 Tage haben?
Welche beiden Kalenderblätter sind verdeckt?

Lösung: Lies jeden dritten Buchstaben. **ghaoplmhlfde**
September, Oktober

Miss Biberbach

Es sind viele Tierdamen zur Wahl der „Miss Biberbach" gekommen. Nur eine Tierdame ist so aufgeregt, dass sie schnell noch mal auf die Toilette gegangen ist. Weißt du, wer das ist?
Vergleiche die Tiernamen am Rand mit den Bildern in den Kästchen.
Die Dame, von der du kein Bild findest, ist auf der Toilette.

Lösung: Kreise jeden fünften Buchstaben ein und lies dann die eingekreisten Buchstaben. **POKLMHGTEAZTFVULKERSFGTB**

Das Foto der Siegerin

Wimpi hat bei der Misswahl eine Menge Fotos geknipst. Auf einem siehst du auch die neue „Miss Biberbach". Sie ist auf dem Foto allein zu sehen. Ihr Foto hat keinen gezackten Rand und trägt keine gerade Nummer. Welche Dame hat den Wettbewerb gewonnen?

Lösung: Suche zu jeder Zahl den entsprechenden Buchstaben im Alphabet. Zusammengesetzt entsteht daraus das Lösungswort.
13 1 21 19

Neue Wörter

Wenn du die Buchstaben dieser Wörter nach den Zahlen ordnest, entstehen neue Wörter.
Kannst du sie lesen?

Häuptling der Selbstlaute

Welches Kind in deiner Klasse hat die meisten Selbstlaute im Vornamen?

Kannst du deinen Namen schreiben?

Du kannst sicher deinen Namen schreiben. Kannst du es aber auch, wenn du das Papier zum Schreiben auf die Stirn legst? Probiere es gleich aus! Fertig? Sehe und staune!

Was ist denn hier los? Die meisten Menschen schreiben ihren Namen in Spiegelschrift auf das Papier. Man muss den Namen von rechts nach links schreiben – so kann man ihn richtig lesen.

Lückenwörter

Unten stehen Wörter, von denen du immer nur jeden zweiten Buchstaben sehen kannst.

Zum Beispiel: **S _ h _ k _ l _ d _ n _ u _ h _ n**

Dieses Wort heißt: **S c h o k o l a d e n k u c h e n**

Schreibe die vollständigen Wörter auf die Linien. Die Buchstaben in der Klammer fehlen im Wort.

H _ r _ c _   (i, s, h)   _____

M _ r _ i _ a _   (a, z, p, n)   _____

L _ f _ b _ l _ o _   (n, l, u, t, a)   _____

S _ h _ l _ u _   (c, u, b, s)   _____

G _ m _ s _   (e, ü, e)   _____

F _ ü _ l _ n _   (r, h, i, g)   _____

W _ m _ i

Falschgeld

Wer entdeckt die drei falschen Münzen? Wimpi zeigt dir, wie ein echter Bibertaler aussieht. Streiche die drei falschen Münzen durch!

A F K P

V C U

J Z S R

G D B E

N T H M

Lösung: Schreibe die Buchstaben der drei falschen Münzen hier auf: ○ ○ ○

Wenn du die richtigen drei gefunden hast, kannst du mit den Buchstaben ein Wort bilden: ○ ○ ○

© Mildenberger Verlag · Minutenfüller · Bestell-Nr. 180-55

Die falschen Eier

Die Hühner rennen aufgeregt im Hühnerhof herum. Irgendwer hat in jedes Nest ein Ei dazugelegt. Keiner weiß, wer es war und keiner erkennt, welches die falschen Eier sind.

Vergleiche genau und kreise die falschen Eier ein. Zähle dann die Erkennungszahlen dieser Eier zusammen und vergleiche dein Ergebnis mit der Lösungszahl.

Lösung: Vergleiche! Die Lösungszahl ist gleich dem Ergebnis dieser Rechnung:

35 : 5 + 10 − 3

Briefmarken

In Biberbach soll es neue Briefmarken geben.
Nun grübeln die Tiere, wie die Briefmarken aussehen sollen.
Hast du ein paar Ideen?

Das Biberbacher Schulhaus

Die Kinder in Biberbach haben ein neues Schulhaus bekommen.
Und was das Tollste ist: Sie dürfen es selber bunt anmalen!
Malst du mit?

Im Hochhaus

Wimpi Wildschwein ist zum Geburtstag eines Freundes eingeladen.
Er wohnt seit Kurzem in einem Hochhaus und hat Wimpi folgende Hinweise gegeben, wie er zu ihm gelangt:

Gehe vom START drei Wohnungen nach oben, zwei nach links, eine nach oben, eine nach rechts, drei nach unten, eine nach links und eine nach oben.

Welches Tier hat Geburtstag?

Lösung: Lies jeden zweiten Buchstaben. **GDMABCKHUS**

Pizza-Service

Luigi, der Pizzabäcker, weiß nicht mehr, wer die Pizza bestellt hat.
Weißt du es?

Lösung: Lies nur die Großbuchstaben. **bhgfRltOdpfSdbAlt**

Das Fingerspitzenspiel

Wimpi Wildschwein hat ein tolles Spiel erfunden. Er schließt die Augen, streckt beide Ellbogen nach außen und versucht, die Spitzen beider Zeigefinger schnell zueinander zu führen. Das klingt einfach, findest du? Abwarten und ausprobieren!

Karottenernte

Während Harry Hase an seiner Karotte knabbert, könntest du schon mal nach 14 Wörtern suchen, die mit K wie „Karotte" beginnen.
Kreise die passenden Bilder ein.

Lösung: Halte die Seite vor einen Spiegel und lies dann die Lösungswörter:

Kran, Kuh, Kirche, Kirschen, Katze, Kaktus, Käfer, Kerze, Kamm, Korb, Krone, Kamel, Koffer, Knochen

Schattenvögel

Verbinde jeden Vogel mit seinem Schattenbild. Ein Schattenbild bleibt übrig. Welches?

Lösung: Die Erkennungszahl des übrig gebliebenen Schattenbildes ist gleich dem Ergebnis dieser Rechnung: **11 + 6 − 12 + 2**

Wimpis Knobelbonbons

Wimpi hat sich dieses spannende Knobelspiel ausgedacht. Du brauchst zum Spielen einen Spielpartner und jeder von euch braucht einen Stift. Abwechselnd darf jeder Spieler in einer waagrechten, senkrechten oder diagonalen Reihe Bonbons durchstreichen. Mindestens ein Bonbon, aber maximal vier. Wer am Ende das letzte Bonbon durchstreichen muss, verliert.

Die Kartoffel-Frage

Wimpi und sein kleiner Bruder Werner zählen, wie viele Kartoffeln sie ausgebuddelt haben. Wimpi sagt: „Wenn du mir eine von deinen Kartoffeln gibst, habe ich genau doppelt so viele wie du." Damit ist sein Bruder nicht einverstanden. Er sagt: „Gib du mir lieber eine von deinen Kartoffeln, dann haben wir nämlich gleich viele."
Kannst du das Rätsel lösen und angeben, wie viele Kartoffeln jeder ausgegraben hat?

> Wir haben zusammen mehr als 10 Kartoffeln, aber weniger als 15!

Lösung: Wimpi hat sieben Kartoffeln, sein Bruder fünf. Wenn Wimpi noch eine von seinem Bruder bekommt, hat er acht und Werner nur noch vier. Also hätte Wimpi doppelt so viele. Gibt aber Wimpi eine Kartoffel an Werner ab, hätten beide gleich viele, nämlich sechs.

Wimpis Zugfahrt

Wimpi Wildschwein fährt jeden Tag mit dem Zug. Aber wohin? Spure die Verbindungslinien von jedem Waggon zum Zielkästchen nach. Trage dort den Buchstaben ein, der im Alphabet genau **danach** kommt.
Beispiel: Steht auf dem Waggon ein A, trägst du ein B ins Kästchen ein.
Sind alle Kästchen ausgefüllt, erhältst du die Lösung.

Lösung: Ordne diese Buchstaben nach den Zahlen, die darunterstehen.

U	H	L	C	E	S
4	3	5	2	6	1

Die Schulklasse

In der Klasse 2a sind genau 20 Schüler. Wenn die beiden rothaarigen Kinder gegangen sind, sitzen im Klassenzimmer noch doppelt so viele blonde Kinder wie dunkelhaarige Kinder.
Wie viele Kinder der Klasse 2a sind blond?

Lösung: Nachdem die beiden rothaarigen Kinder gegangen sind, bleiben noch
18 Schüler übrig.
$18 : 3 = 6$ 6 Schüler sind dunkelhaarig.
$6 \cdot 2 = 12$ (Doppelt so viele sind blond.) 12 Kinder sind blond.
Die Lösung kannst du auch durch Ausprobieren finden.

Herbst

Es ist Herbst geworden und die Buchstabenblätter fallen von den Bäumen.
Wenn du genau hinschaust, wirst du fünf Buchstaben finden, die es sogar
doppelt gibt.
Trage sie hier ein: ◯ ◯ ◯ ◯ ◯

Wenn du die fünf Buchstaben in die richtige Reihenfolge bringst, kannst du
das Lösungswort lesen. ◯ ◯ ◯ ◯ ◯

Das Lösungswort heißt: CSBWP.
Suche zu jedem Buchstaben den Vorgänger im Alphabet.

Schuhsalat

Sonderbare Geburtstagswünsche

Tante Wilma schenkt Wimpi zu jedem Geburtstag immer drei Dinge, die mit dem gleichen Buchstaben beginnen und zwar mit dem Buchstaben, der zum Lebensjahr passt. Zum ersten Geburtstag waren es Geschenke, die mit „A" beginnen, zum zweiten Geschenke mit „B" usw.

1. Mit welchem Buchstaben beginnen die Geschenke zu Wimpis achtem Geburtstag? Was könnte er sich wünschen?

   _____ _____ _____

2. Mit welchem Buchstaben würden die Geschenke zu deinem nächsten Geburtstag beginnen und welche drei Dinge würdest du dir wünschen?

   _____ _____

   _____

Lösung: 1. Alle Geschenke zu Wimpis achtem Geburtstag beginnen mit „H".

Der Wörterrahmen

Wer kann die drei fehlenden Wörter im Rahmen erraten?
Gleiche Buchstaben sind mit Linien verbunden.
Trage die fehlenden Buchstaben ein.

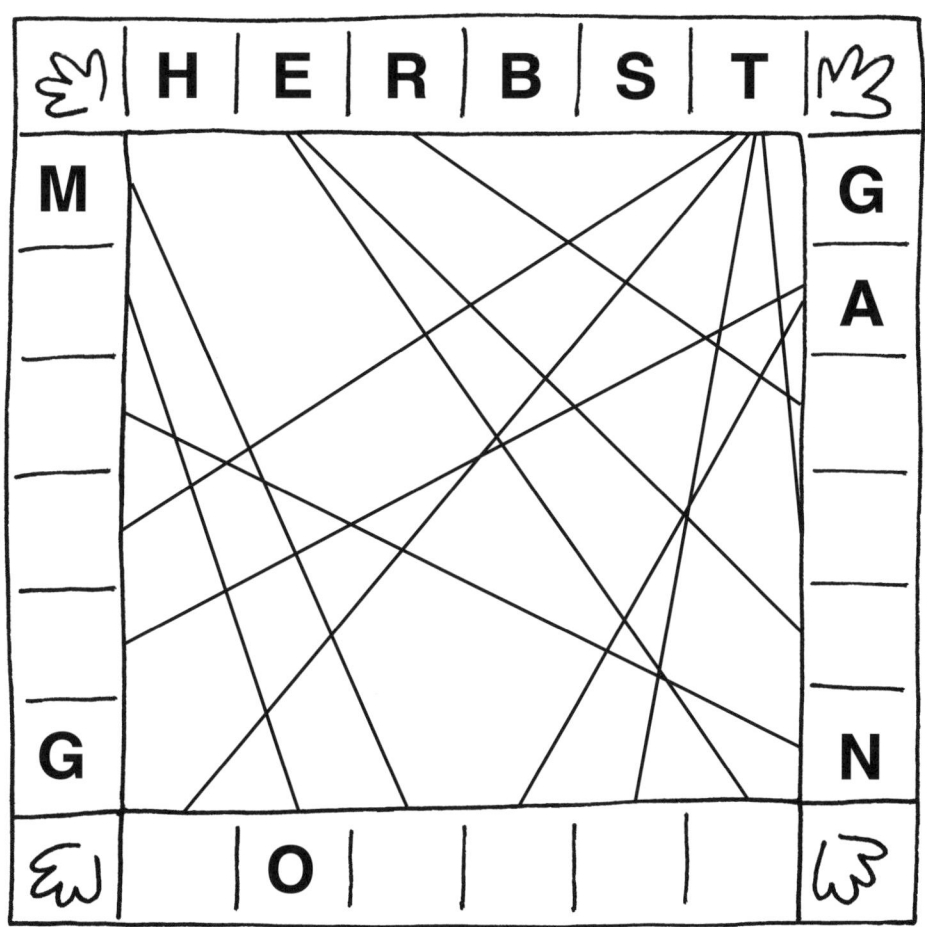

Lösung: Die drei Lösungswörter kannst du hier von rechts nach links lesen.
GATNOMNETRAGETAMOT

Einer ist gleich

Suche in jeder Zeile den Buchstaben, der in allen drei Wörtern vorkommt und schreibe ihn in den Kreis. Wenn du alles richtig machst, ergeben die Buchstaben in den Kreisen **von unten nach oben** gelesen das Lösungswort.

BANK	MANN	ZEBRA	→ ◯
KAMEL	AMEISE	MOTOR	→ ◯
KÖNIG	SCHIRM	TAXI	→ ◯
FABRIK	KERZE	PFERD	→ ◯
SPINNE	RAUPE	PILZ	→ ◯

Lösung: Lies nur die Kleinbuchstaben. **TCpGrKLiBmUNaF**

Das Montag-Spiel

Alle Buchstaben des Wortes MONTAG müssen in jeder waagrechten und senkrechten Reihe einmal vorhanden sein.
Kannst du die leeren Felder ausfüllen?
Beginne mit den Reihen, bei denen die meisten Buchstaben schon eingetragen sind.

Tipp: Trage die Buchstaben mit Bleistift ein, damit du auch mal radieren kannst!

Der Pinguin-Ausflug

Die Pinguinkinder warten schon ungeduldig darauf, dass der Bus abfahren kann. Aber leider fehlt noch ein Kind.

1. Welcher Buchstabe wird auf seinem Schild stehen?
   Trage den Buchstaben hier ein: ◯

2. Paul Pinguin hat einfach seinen Bruder mitgenommen, obwohl der noch gar nicht in die Schule geht. Er hat den gleichen Buchstaben wie Paul auf seinem Schild. Findest du die beiden Brüder?

© Mildenberger Verlag · Minutenfüller · Bestell-Nr. 180-55

36

Das Überraschungsbild

Setze einen roten Stift auf den Startpunkt und fahre die Linie sorgfältig nach. Wenn du wieder am Startpunkt angekommen bist, kannst du das Überraschungsbild sehen.

Lösung: Lies von rechts nach links. **REBUARHCSBUH**

Leserätsel

Kannst du diese Wörter lesen?

Glüh    Um     falter

 schnuppe    schlepper    bahn

Hampel     scheibe   Purzel

 träger   Hub  r    zeug

Hertas Wochenplan

Herta Hase ist eine viel beschäftigte Hasendame.
Am Montag und Freitag besucht sie den Karottenkochkurs.
Montags und mittwochs geht sie in die Tanzschule.
Am Dienstag und am Donnerstag findet ihr „Hasenohrenfaltkurs" statt.
Hasen-Halma spielt sie am Mittwoch und am Donnerstag.
Heute geht Herta zuerst in die Tanzschule und danach zum Hasen-Halma.
Welcher Tag ist heute?

Lösung: Ordne die Buchstaben nach den Zahlen.

W	I	M	O	T	H	T	C
5	2	1	6	3	8	4	7

Stempelbilder

Vier Autos wurden nicht mit diesem Stempel gedruckt.
Findest du sie? Dann kreise sie ein.
Wenn du die dazugehörigen Buchstaben in die richtige Reihenfolge bringst,
erhältst du das Lösungswort.

Lösung: Lies nur die grauen Buchstaben. BGALKUWTSEOM

Was macht der Nikolaus im Januar?

Sechs Dinge gehören nicht in den Nikolaussack. Kreise die Begriffe ein.
Wenn du die Anfangsbuchstaben dieser Wörter in der richtigen
Reihenfolge liest, erfährst du, was der Nikolaus im Januar
machen wird.

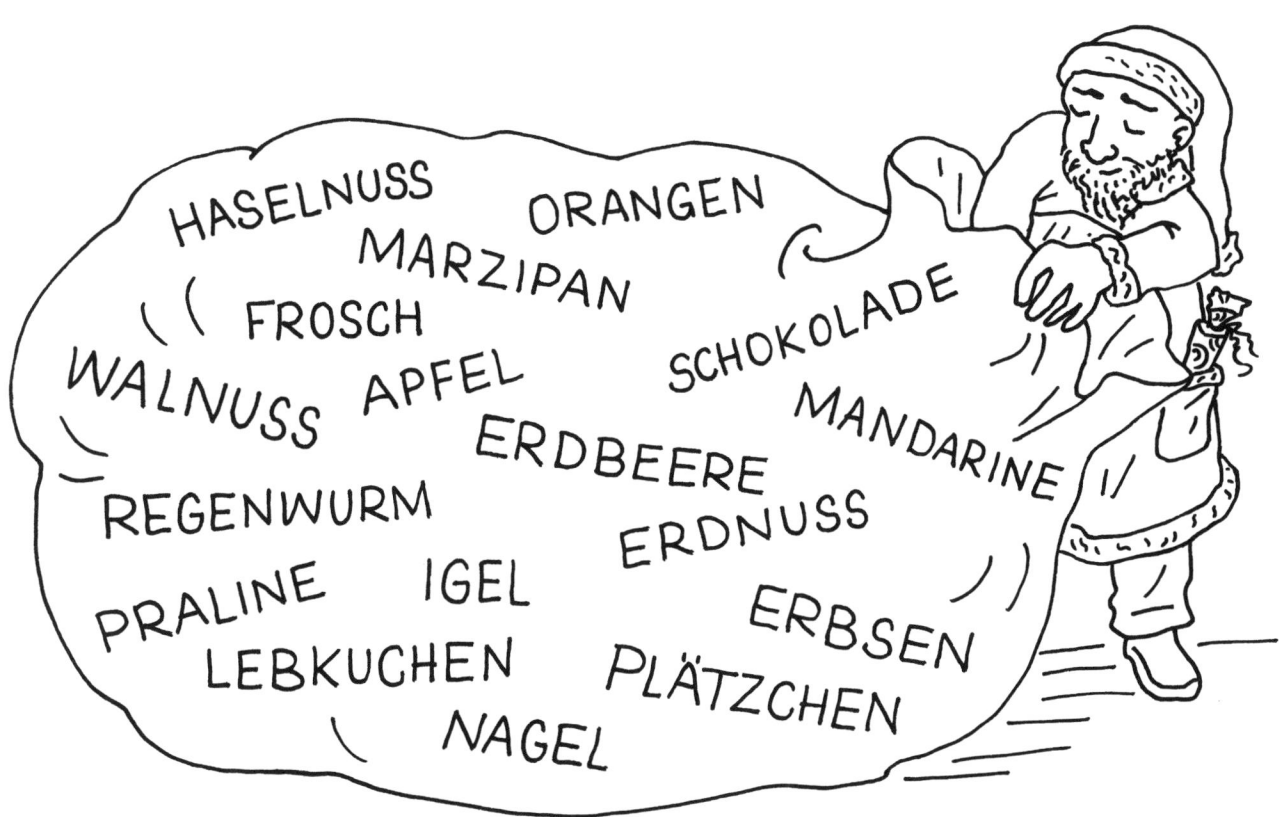

HASELNUSS ORANGEN
MARZIPAN
FROSCH
WALNUSS APFEL SCHOKOLADE
ERDBEERE MANDARINE
REGENWURM ERDNUSS
PRALINE IGEL ERBSEN
LEBKUCHEN PLÄTZCHEN
NAGEL

Lösung: Der Nikolaus macht im Januar

R	E	E	N	I	F
3	2	5	6	4	1

.
Ordne die Buchstaben nach den Zahlen.

© Mildenberger Verlag · Minutenfüller · Bestell-Nr. 180-55

Das Wettrennen

Wimpi, Werner und Wilma rennen um die Wette zum Weihnachtsbaum der Wildschweinfamilie.
Wer wird zuerst das Feld mit dem Weihnachtsbaum erreichen?

Lösung: Suche zu jedem Buchstaben den Vorgänger im Alphabet. **Xjnqj hfxjoou**

Der Wollpullover

Rosa Schwein strickt für ihren Freund Wimpi einen kuscheligen, blauen Wollschal. Spure die Wollfäden nach. Nur einer führt zu Rosas Strickzeug. Male dann das richtige Wollknäuel, den Faden und den Schal mit einem blauen Stift an.

Das Zauberbild

Wimpi Wildschwein hat dieses wunderschöne Bild auf dem Flohmarkt ge-
kauft. Was auf dem Bild dargestellt wird, kann man aber nur schlecht erkennen. Du siehst es, wenn du alle Felder ausmalst, die einen Punkt haben.

Kopfkalender

Wenn Heiligabend (24. Dezember) auf einen Sonntag fällt, auf welchen Wochentag fällt dann der Nikolaustag (6. Dezember)?

Lösung: Lies jeden zweiten Buchstaben von rechts nach links. **HSCAOTWETGTNIAMS**

Das Weihnachtsgeschenk

Für Oma Wildschwein das richtige Geschenk zu finden, ist jedes Jahr eine schwierige Aufgabe. Was sie dieses Jahr bekommt, findest du so heraus: Suche in jedem Wörterpaar den gemeinsamen Buchstaben und schreibe ihn in den Kreis daneben. Der Begriff ist dann von oben nach unten zu lesen.

BANK	KERZE	○
GLOCKE	BILD	○
ORANGE	SCHAF	○
KURVE	VOLLMOND	○
IGEL	RADIO	○
ADVENT	KUGEL	○
KRANZ	HIRTE	○

Lösung: Kreise jeden dritten Buchstaben ein. Das Lösungswort erhältst du, wenn du die eingekreisten Buchstaben liest.

H G K A E L P K A B T V R F I Z W E L F R

Die Schneemannparade

Nur wer ganz genau hinschaut, findet die drei Schneemänner, die gleich aussehen. Zähle ihre Erkennungszahlen zusammen und vergleiche mit der Lösungszahl.

Lösung: Streiche alle a durch. Lies die restlichen Buchstaben von rechts nach links.

g a i a ß a i a e a r a d a

Wimpis Handschuhe

In Wimpis Handschuh-Schublade herrscht ziemliche Unordnung.
Male immer zwei zusammengehörende Handschuhe in der gleichen
Farbe aus.

Die Flugzeug-Flotte

Nur wer ganz genau hinschaut, findet die drei Flugzeuge, die anders aussehen, als die übrigen. Zähle ihre Erkennungszahlen zusammen und vergleiche mit der Lösungszahl.

Lösungszahl: Lies von rechts nach links. **giznawzdnunebeis**

Vorgänger gesucht

Welches Wort kannst du diesen Wörtern voranstellen, sodass sinnvolle, zusammengesetzte Wörter entstehen?

1. **Ball, Mann, Ketten, Glöckchen**

2. **Würfel, Zeit, Tee, Zapfen**

3. **Mantel, Bogen, Wolke, Schirm**

4. **Pocken, Schutzscheibe, Jacke, Mühle**

Tipp:
Alle gesuchten Wörter befinden sich in dieser Kiste.

Wolken Eis Sonne
Hitze
Schnee Regen
Hagel Wind Nebel

Lösung: Streiche alle A und T.

1. ASTACHANTETE   2. TTEATAITASA

3. TARAETGTETAN   4. AWTAAIAANTDTT

Merkwürdige Berufe

Lehrer, Krankenschwester und Bäcker, das sind Berufe, unter denen sich jeder etwas vorstellen kann. Welches wäre der tollste Beruf, den du dir nur vorstellen könntest, vielleicht Erdbeereis-Tester? Was wäre der schrecklichste Beruf der Welt, etwa Unterwasserzahnarzt für Haie?
Welche Fantasieberufe fallen dir noch ein?

Tolle Berufe　　　　　　　　　　　**Schreckliche Berufe**

_____　　　　_____

_____　　　　_____

_____　　　　_____

_____　　　　_____

Das Buchstaben-Puzzle

Wimpi hat die Buchstabenkarten gut gemischt. Kannst du trotzdem das Lösungswort erraten? Die Buchstaben unter den Kreisen geben dir an, ob du einen **S**elbstlaut, einen **M**itlaut oder einen **U**mlaut (Ä,Ö,Ü) in das Feld schreiben sollst.

Tipp:
Der zweite Buchstabe ist das L.

Lösung: GLÜCKSPILZ

Ganz geheim

Die Tiere verraten noch niemandem, wie sie sich für den Faschingszug verkleiden werden. Du kannst es aber trotzdem erraten, wenn du die entsprechenden Buchstaben suchst und nacheinander liest:

A	Z	I	S	N	U	D	T	B	E	R	O	P
1	2	3	4	5	6	7	8	9	10	11	12	13

Lösung: Lies die fett gedruckten Wörter von rechts nach links.

Wimpi verkleidet sich als: **TUANORTSA**

Harry verkleidet sich als: **REREBUAZ**

Mildred Maus wird: **NISSEZNIRP**

Die Mäusekinder

Miriam Maus möchte jedem ihrer acht Mäusekinder einen Namen geben, der mit dem gleichen Laut anfängt und endet.
Möglich wäre zum Beispiel: **A**nn**a**, **O**tt**o**, **D**onal**d**, …
Findest du drei passende Mädchennamen und drei Jungennamen?
Schreibe sie hier auf:

_____   _____

_____   _____

_____   _____

Lösungsmöglichkeiten: Bob, Attila, Andrea, Georg, Else, Angelika, Philip, Rainer, Norman, Otto, …

Jede Menge Quatsch

Unter diesen zwölf kleinen Sätzen befinden sich sieben Quatschsätze. Lies die Buchstaben der Quatschsätze zusammen.

E Die Putzfrau putzt.

F Der Bäcker bäckt.

R Die Erbse erbst.

I Der Schüler schülert.

K Der Koch kocht.

C Das Dorf dorft.

H Die Wolke wolkt.

T Die Hose host.

A Der Lehrer lehrt.

I Die Birne birnt.

G Der Teller tellert.

O Der Kamm kämmt.

Lösung: Lies von rechts nach links. **GITHCIR**

Kleine Englisch-Schule

Wimpi lernt in der Schule Englisch. Kannst du auch schon ein bisschen Englisch? Bestimmt gelingt es dir, jedes Tier mit seinem englischen Namen zu verbinden.

Ich wollt ich wär' ein Hund

Stell dir vor, du wärst ein Hund.
Welcher Hunderasse würdest du
am liebsten angehören?
Überlege dir drei Vorteile
und drei Nachteile, die so ein
Hundeleben gegenüber deinem
Leben als Mensch haben würde.

Das Bilder-Memo-Spiel

Du hast eine Minute Zeit, dir die Bilder genau anzusehen und einzuprägen.
Drehe dann das Blatt um und schreibe die Dinge auf, an die du dich noch
erinnern kannst.
Vergleiche mit den Bildern. Wie viele konntest du dir merken?
Du kannst das Spiel auch mit einem Partner spielen.

Bastelstunde

Wimpi bastelt gern. Gerade hat er eine Blume ausgeschnitten.
Aus welchem Papierbogen hat er sie ausgeschnitten?

Lösung: Der Lösungsbuchstabe ist der, der in diesen beiden Wörtern vorkommt:
DACHS und **PFERD.**

Das Abc der Tiere

Wimpi Wildschwein weiß fast zu jedem Buchstaben im Alphabet ein passendes Tier. Du auch? Versuche so viele Kästchen wie möglich auszufüllen. Ein paar Tiere hat Wimpi schon eingetragen.

Affe	**B**	**C**hamäleon
D	**E**	**F**
G	**H**	**I**
Jaguar	**K**	**L**
M	**N**	**O**rang-Utan
P	**Q**ualle	**R**
S	**T**	**U**hu
Vielfraß	**W**	**Y**ak
		Z

Ja oder nein?

Kreise nach jeder Frage ein, was stimmt. „Ja" oder „nein".

1. Wenn meine Zahl um 8 größer ist als deine und deine Zahl ungerade ist, dann muss meine Zahl gerade sein.

   Ja oder nein?

2. Wenn meine Zahl um 3 größer ist als deine Zahl und deine Zahl 16 ist, dann muss meine Zahl größer sein als 11.

   Ja oder nein?

3. Wenn meine Zahl 12 ist und deine Zahl kleiner ist als 31, könnten unsere beiden Zahlen gleich sein.

   Ja oder nein?

Lösung: nein, ja, ja

Familie Hase

Familie Hase besteht aus vier Familienmitgliedern. Ihre Namen sind:
Helma, Harry, Hugo und Herta. Zwei der vier Familienmitglieder sind
Kinder, die anderen beiden sind deren Eltern. Wenn Helma kein Elternteil
ist und Hugo kein Kind, wer ist dann wer in der Familie Hase?
Schreibe die Namen auf die Linien.

Vater	**Mutter**	**Tochter**	**Sohn**

_____   _____   _____   _____

Lösung: Streiche alle D, F und K durch.
Vater: **KKDHFDUKFGDKDKOK**
Mutter: **DFHKDEFDKRKDTFAKD**
Tochter: **KFHFDEDDLKFKMDKAF**
Sohn: **KFHFDADDRKFKRDKYF**

Rosas Geburtstagsgeschenke

Rosa Schwein hat zu ihrem Geburtstag eine schöne Perlenkette und eine große Schüssel mit ihrem Lieblingsessen bekommen.
Kannst du lesen, was in der Schüssel ist? Beginne beim Pfeil.

Ein seltsamer Schlafplatz

Wimpi Wildschwein macht heute sein Nickerchen an einem seltsamen Platz. Erkennst du alle acht Dinge, auf denen er liegt?

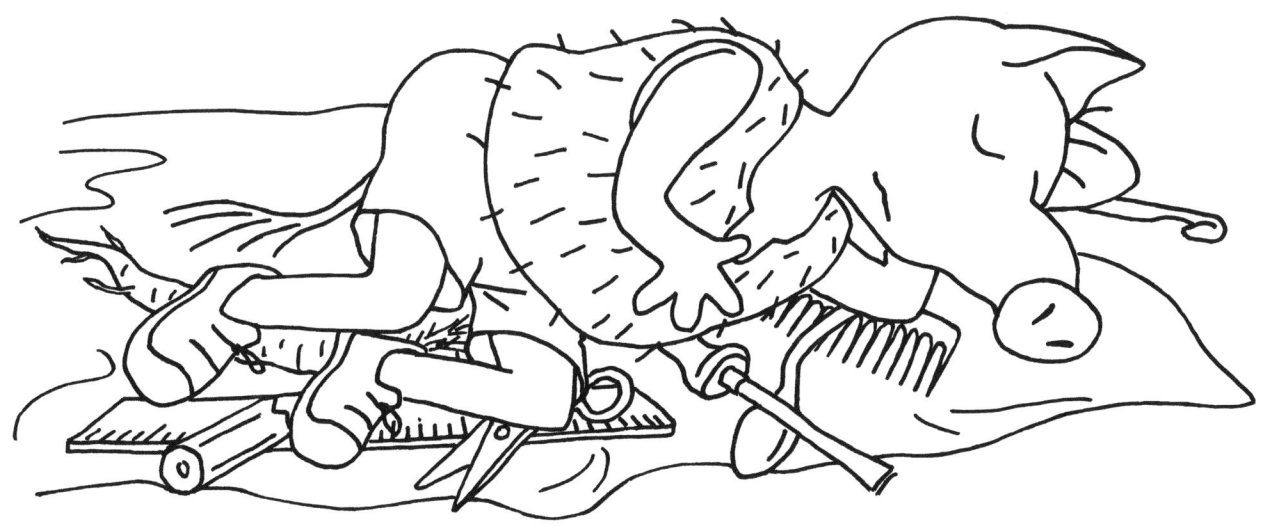

Lösung: Halte die Seite vor einen Spiegel und lies dann die Lösungswörter:

Schere, Lineal, Bleistift, Schraubenzieher, Löffel, Karotte, Häkelnadel, Kamm

Alles Kartoffel!

Stell dir vor, du dürftest eine Woche lang, morgens, mittags und abends nur ein Gericht essen. Wimpi Wildschwein würde Kartoffelbrei wählen, aber wofür würdest du dich entscheiden?

Das Mäusetreffen

Genau um zwei Uhr wollten sich alle 2er-Einmaleins-Mäuse treffen.
Alle sind da, nur Mildred fehlt. Welche Zahl steht auf ihrem Hemd?

Lösung: Lies von rechts nach links. **nhezhces**

Die Buchstaben-Frösche

Halt! Die Buchstaben-Frösche hüpfen in der falschen Reihenfolge!
Wenn sie richtig geordnet sind, ergeben ihre Buchstaben nämlich das
Lösungswort. Errätst du es?
Ordne die Buchstaben auf den Fröschen nach ihren Zahlen:

Lösung:

1	2	3	4	5	6	7	8	9

Schlafstörung

Opa Wildschwein ist stocksauer. Während er schlief, haben die Tierkinder den Ball genau in Opas Hängematte geschossen. Nun sucht er nach dem Übeltäter. Du findest ihn heraus, wenn du in den Sätzen alle X, Y, Z streichst, die restlichen Buchstaben nacheinander liest und ein bisschen knobelst. Kreise den Täter mit einem roten Stift ein.

- XYMZIYXLXDZRYEYDX ZWAXR ZEXSY NIXCHZT.
- YWZZIXMZPYXZIX WXAYYR NXOYCH GXAR NIZCHXT AXM BAXLYL.
- YXRZXOXSYAZ WXAR EXS XYAZUXCHZ XYNIYCHXTZ.
- XYDEXR ZSPIZEXLYEZYR, XYDZERX NEXBYEZN ZXYWIZMXPXIZ STXEHZT, KAXNYN NXIZCHYTS DAXFÜZR.
- ZWYYEZRXXNZEYXRX ZXHAXT DZEXN BZAXLL NIYCHXTX INX DXIE XHXÄNZYGEXMAZXTTXE XGEYSCHXOZSSYEN.

Lösung: Lies nur die schrägen Buchstaben. **G FM RE AL NU ZS**

Kannst du die Wimpisprache lesen?

Um geheime Botschaften zu verschlüsseln, hat sich Wimpi eine besondere Sprache ausgedacht: Nach jedem Selbstlaut (A, E, I, O, U) und Zwielaut (IE, EI, EU, AU) hat er ein p eingefügt und den Selbstlaut oder den Zwielaut wiederholt. Das Wort „Wimpi" heißt also in der Wimpisprache „Wipimpipi". Kannst du jetzt diese Geheimbotschaft lesen?

Ipich heipeißepe Wipimpipi.

Apallepe Tiepierepe trepeffepen sipich heupeutepe upum Mipittepernapacht apam gropoßepen Baupaum apam Flupuss. Wipir rupudepern gepemeipeinsapam zupur Schapatzipinsepel.

Kannst du jetzt auch die Wimpisprache?
Schreibe deinen Namen in Wimpisprache hier auf:

Das Versteck

Wimpi steht vor einem Problem: In dem Sack befinden sich schmackhafte Kartoffeln. Wimpi möchte den Sack ganz schnell verstecken, aber er weiß nicht wo. Stell dir vor, du hättest dieses Problem. Wo würdest du einen Sack voller Kartoffeln verstecken, sodass ihn mindestens einen Tag lang niemand findet?

Der Schlüssel zum Schatz

Mit welchem Schlüssel kann Wimpi die Schatztruhe öffnen?
Fülle die leeren Felder aus. In jeder waagrechten und senkrechten Reihe
ergeben die Zahlen zusammengezählt jeweils 50. Die Zahl, die am Ende im
grauen Feld steht, ist die Schlüsselzahl.

Lösung: Die Schlüsselzahl ist um 7 kleiner als das Fünffache von 3.

Überraschungsbesuch

Wimpi holt heute ein ganz außergewöhnliches Tier vom Bahnhof ab.
Welches Tier das ist, erfährst du so: Die drei Buchstaben in jedem Waggon
ergeben ein Wort. Schreibe es jeweils in die Fenster darunter.
Die Anfangsbuchstaben der neuen Wörter verraten dir die Lösung.

Lösung: Lies nur die schwarzen Buchstaben von rechts nach links.
LIEDWOKGOLRAK

Das Käferspiel

Male alle Käfer mit einem Buntstift aus, die mehr als drei Punkte haben.
Wenn du alles richtig machst, kannst du am Ende ein Wort lesen.

Lösung: Streiche alle Buchstaben, die doppelt vorkommen und lies die drei
übrigen Buchstaben. **WLAKGMPSUWLSMTAKP**

Platz in der Faust

Überlege dir ganz schnell sechs verschiedene Dinge, die problemlos in deine Faust passen, zum Beispiel: eine Büroklammer, die Kappe deines Schulfüllers, ein Gummibärchen, …

Die Mittwoch-Schule

Stell dir vor, alle Kinder hätten nur noch einmal in der Woche Schule, und zwar am Mittwoch. Was würdest du tun, anstelle in die Schule zu gehen? Schließe deine Augen und denke ein bisschen darüber nach. Wenn du willst, kannst du ein Bild dazu auf die Rückseite malen.

Der Selbstlaut-Zoo

Im Selbstlaut-Zoo dürfen nur Tiere wohnen, deren Namen mit Selbstlauten enden. Also zum Beispiel: ein Zebr**a**, eine Katz**e**, ein Kolibr**i**, ein Flaming**o** und ein Kakad**u**.

Fallen dir noch drei weitere Tiere ein, die im Selbstlaut-Zoo wohnen dürfen?

_____

_____

_____

_____

_____

Lösungsmöglichkeiten: Löwe, Uhu, Eule, Eidechse, Gnu, Gorilla, Qualle, …

Die Wörterkette

Spiele mit dem Wort „Hund". Verändere einen beliebigen Buchstaben des Wortes, sodass ein neues Wort entsteht, z. B.: „rund". Ändere dann einen Buchstaben in „rund". Es entsteht zum Beispiel „Rand". Spiele so weiter, bis du kein weiteres Wort mehr bilden kannst.
Aus wie vielen Wörtern besteht deine Wörterkette?

Hund, rund, Rand, Band, _____

_____

_____

Willst du weiterspielen? Dann los!

Haus, Haut, hart, Bart, _____

Kind, Wind, Wand, _____

Ball, Fall, Fell, _____

Die Schulferien-Tüten

Die Biberbacher Tierkinder bekommen am Ende des Schuljahres zur Belohnung Schultüten. Vergleiche den Inhalt der Tüten genau und beantworte diese Fragen:

1. Welche Frucht befindet sich in allen Tüten?

   _____

2. Welches Tier hat die meisten Früchte bekommen?

   _____

3. Welche Frucht befindet sich nur in einer einzigen Schultüte?

   _____

4. Welche beiden Tierkinder haben genau den gleichen Inhalt in ihren Tüten?

   _____ und _____

WIMPI ROSA FRANZ HARRY MILDRED

Lösung: 1. **Birne** 2. **Wimpi** 3. **Ananas** 4. **Franz und Harry**

Das Geschenk

Stell dir vor, du bist der neue König oder die neue Königin eines sehr reichen Landes. An deinem Geburtstag machst du allen Bürgern in deinem Reich ein wunderbares Geschenk.

Was ist das? _____

Hier kannst du ein Bild von dir als Königin oder König malen:

Das Buchstaben-Rätsel

Neben jedem Wort siehst du eine Zahl. Suche den passenden Buchstaben im Wort und kreise ihn ein. Wer alles richtig macht, dem verraten die eingekreisten Buchstaben, wo sich Wimpi Wildschwein gerade aufhält.

S C H W A L B E (4) **B I L D** (2) **K A M E L** (3) **P I L Z** (1) **S C H I R M** (4)

I G E L (1) **B U S** (3) **K A T Z E** (3)

K Ö N I G (4) **K A M E L** (3)

B A N K (4) **B I R N E** (2) **H A N D** (3) **C O M P U T E R** (2)

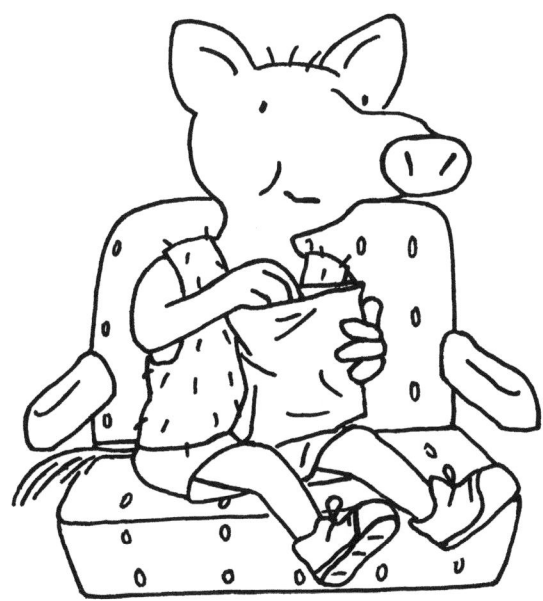

Lösung: Lies von rechts nach links. **ONIK MI TSI IPMIW**

Das Luftballon-Rätsel

Auf Rosas Geburtstagsparty werden insgesamt sieben Luftballons verteilt. Drei Ballons haben Ohren, zwei sind lange Würste, einer ist rund und einer ist herzförmig.

Rosa, das Geburtstagsschwein, bekommt drei Ballons. Wimpi und Mildred Maus bekommen jeweils zwei Ballons.

- Wimpi hat einen herzförmigen Ballon.
- Jedes Tier hat einen Ballon mit Ohren.
- Maus Mildred hat keinen runden Ballon.
- Keines der Tiere hat einen herzförmigen und einen runden Ballon.
- Kein Tier hat zwei gleiche Ballons.

Überlege genau und male dann den Tieren ihre Ballons.

Lösung: Rosa: Wurstballon, runder Ballon, Ohrenballon; Wimpi: Herzballon, Ohrenballon; Mildred: Ohrenballon, Wurstballon

Wimpis neues Haustier

Wimpi hat ein Haustier bekommen. Was es ist, erfährst du, wenn du dieses Rätsel löst. Schreibe die sieben Lösungsbuchstaben in die Kreise.

Der 1. Buchstabe ist in HASE, aber nicht in VASE.
Der 2. Buchstabe ist in HAND, aber nicht in HUND.
Der 3. Buchstabe ist in MAUS, aber nicht in HAUS.
Der 4. Buchstabe ist in WIESE, aber nicht in WIEGE.
Der 5. Buchstabe ist in BROT, aber nicht in ROBE.
Der 6. Buchstabe ist in HELM, aber nicht in HALM.
Der 7. Buchstabe ist in BRETT, aber nicht in BETT.

Lösung: Lies jeden dritten Buchstaben. Zusammengesetzt entsteht daraus das Lösungswort. **ADHEFALKMOPSVBTAHETDR**

Das Quadrat-Rätsel

Wenn du die fünf Wörter richtig untereinander in das Quadrat einträgst, ergeben die Buchstaben in den grauen Feldern das Lösungswort.

Ich habe dir schon ein bisschen geholfen und ein paar Buchstaben eingetragen.

AMPEL   BESEN   KÄFER   FISCH   BLUME

Lösung: Das Lösungswort heißt: FEUER

Wie man sich bettet ...

Stell dir vor, du könntest dein Bett mit Federn, Moos, Goldtalern,
Bonbons usw. auspolstern.
Was würdest du wählen und warum?
Du kannst ein Bild dazu auf die Rückseite malen.

Der Zauberbleistift

Wimpi besitzt einen außergewöhnlichen Bleistift. Dieser Bleistift kann Dinge tun, die alle Tiere im Dorf zum Staunen bringen. Denke ein bisschen darüber nach und schreibe deine Antworten auf die Linien.

1. Was kann Wimpis Bleistift?

   _____

2. Woher hat Wimpi diesen Stift?

   _____

Die Radarfalle

Polizeiinspektor Willi Wolf hat sich mit seinem Fotoapparat hinter einem Busch auf die Lauer gelegt und knipst alle Autos, die schneller als 50 Kilometer in der Stunde fahren.
Zähle die Zahlen in jeder Spur zusammen und du weißt, wie schnell die Fahrer unterwegs sind. Wer tappt in die Radarfalle?
Kreuze die Verkehrssünder an.

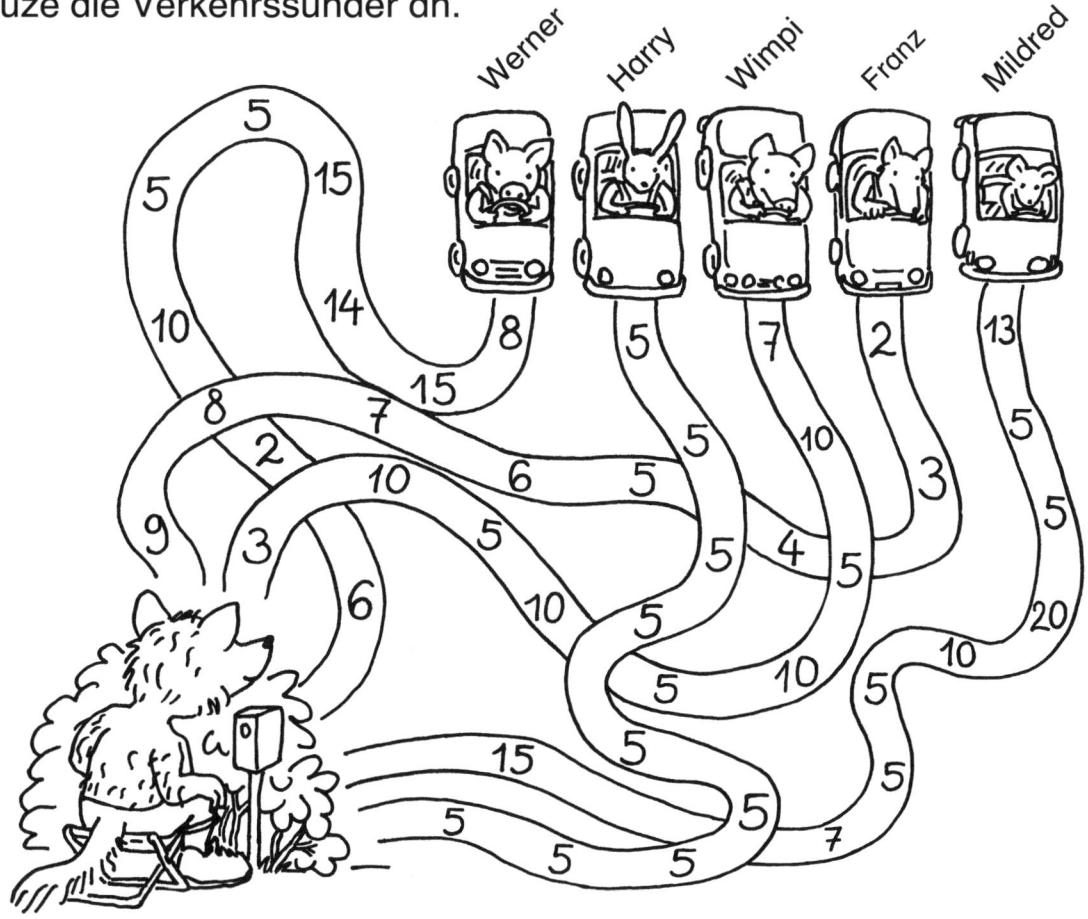

Werner   Harry   Wimpi   Franz   Mildred

Lösung: Lies die Namen der Verkehrssünder von rechts nach links.
DERDLIM, IPMIW, RENREW

© Mildenberger Verlag · Minutenfüller · Bestell-Nr. 180-55

Die Gegenüberstellung

Rosa Schwein erscheint wütend auf der Polizeistation und zeigt den Käsekuchen, den sie für Sonntag gebacken hat. Drei Mäuse haben ein paar hässliche Löcher in den Kuchen genagt.
Kann Rosa die drei Täter bei der Gegenüberstellung erkennen?
„Irgendetwas war bei diesen Mäusen anders", behauptet Rosa.
Tipp: Die Erkennungsbuchstaben der drei frechen Mäuse ergeben das Lösungswort.

Lösungswort: Suche im Alphabet den 7., den 21. und den 20. Buchstaben.
A B C D E F G H I J K L M N O P Q R S T U V W X Y Z

Wimpis Zeitproblem

Wimpi schaut genau um 10.00 Uhr auf seine Uhr und stellt sie eine Stunde zurück. Eine Stunde später stellt er seine Uhr eine Stunde vor. Welche Zeit zeigt Wimpis Uhr jetzt an?

Lösung: Auf Wimpis Uhr ist es jetzt: **5 + 1 + 3 + 2 Uhr**

© Mildenberger Verlag · Minutenfüller · Bestell-Nr. 180-55

Wo ist Franz?

Franz Fuchs ist verschwunden. Damit sich seine Freunde keine Sorgen machen, hat er ihnen eine Nachricht hinterlassen, allerdings in Geheimschrift.

ZEBRA	SIEB	OBST	
FUCHS	BUS	TUBE	
BANK	TAG	HASE	
WALD	KARL	WOLF	
HERZ	TÜR	WURM	
UHR	UFER	KUH	
BAUM	KAMIN	SCHIRM	
BILD	HILFE	TIGER	
HUND	BIENE	ANGEL	
BIBER	KIND	HIRSCH	
RABE	KORB	ABEND	

Wir müssen in jeder Reihe den Buchstaben suchen, der in allen drei Wörtern enthalten ist. Diese Buchstaben schreiben wir in die leeren Kästchen.

Und dann lesen wir die Buchstaben in den Kästchen **von unten nach oben**.

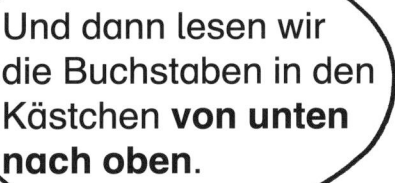

Lösung: **BIN IM URLAUB**

Logisch

Kannst du in jeder Reihe einen weiteren Buchstaben eintragen?

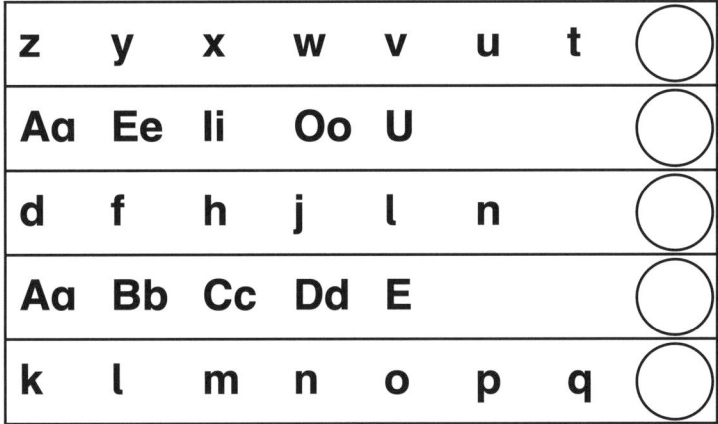

Denke gut nach!

z	y	x	w	v	u	t	○
Aa	Ee	Ii	Oo	U			○
d	f	h	j	l	n		○
Aa	Bb	Cc	Dd	E			○
k	l	m	n	o	p	q	○

Lösung: Ordne die Buchstaben nach den Zahlen.

e	s	r	p	u
4	1	5	3	2

Harrys Hasenspiel

Harry hat sich ein nettes Spiel ausgedacht, bei dem natürlich das Wort „HASE" die Hauptrolle spielt. Alle Buchstaben des Wortes müssen in jeder waagrechten, senkrechten und diagonalen (schrägen) Reihe einmal vorhanden sein. Kannst du die leeren Felder ausfüllen?

H	A	S	E
		H	
	S	A	H
	A		

Fliegende Nachricht

Kannst du die Botschaft lesen, die das Flugzeug hinter sich herzieht?

Von Punkt zu Punkt

Verbinde die Zahlen von 1 bis 30 mit geraden Linien.
Welches Bild entsteht?

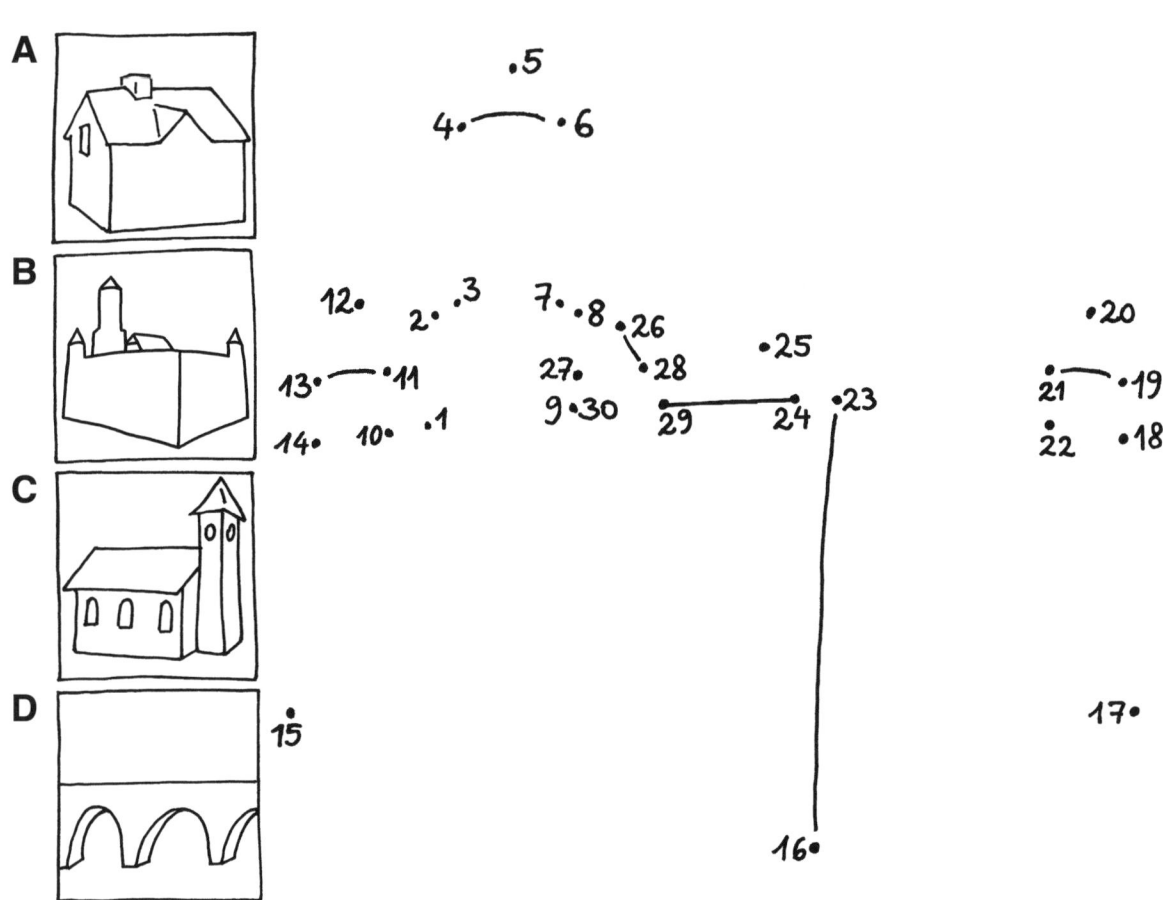

A

B

.5

4. • 6

12•   2• •3   7• •8   •26   •25   •20

13• •11   27• •28   21• •19

14• 10• •1   9 •30   29   24 •23   22 •18

C

D

15   17•

16•

Lösung: Der Erkennungsbuchstabe des Lösungsbildes ist der einzige Buchstabe, der in allen drei Wörtern enthalten ist: **KORB – RABE – BOOT**

© Mildenberger Verlag · Minutenfüller · Bestell-Nr. 180-55

Im Wald

Auf seinem Weg durch den Wald trifft Wimpi sieben Tiere, die sich hinter den Tannenbäumen verstecken. Entdeckst du sie auch?
Tipp: Lies von links nach rechts und von oben nach unten.

Lösung: Lies von rechts nach links. **HCSRIH SHCUF HER SHCAD ESAH RÄB FLOW**

Wimpis Winterpullover

Wimpi besitzt drei Winterpullover. Am ersten Tag im Monat Januar trägt er den roten Pullover, am zweiten Tag den blauen und am dritten Tag den grün gestreiften. Danach ist wieder der rote Pullover an der Reihe und so weiter. Kannst du jetzt schon sagen, welchen Pullover Wimpi an seinem Geburtstag (24. Januar) tragen wird?

Lösung: Wimpi wird an seinem Geburtstag den grün gestreiften Pullover tragen.

Am Wolkenhimmel

Wimpi liegt auf der Wiese und schaut hinauf zu den Wolken. Er stellt fest, dass in den Wolken eine Nachricht steht. Was in den Wolken steht, bekommst du heraus, wenn du alle Wolken der Größe nach ordnest und die Buchstaben der Reihe nach unten einträgst. Beginne mit der größten Wolke.

Lösung: Streiche alle x durch. **xxgxuxxtx xxgxexmxxaxchxxtx**